MEDITACIÓN

Aprenda a meditar usando la atención plena

(Utiliza esta guía para mejorar tu sueño con tu práctica)

Blas Meraz

Publicado Por Daniel Heath

© **Blas Meraz**

Todos los derechos reservados

Meditación: Aprenda a meditar usando la atención plena
(Utiliza esta guía para mejorar tu sueño con tu práctica)

ISBN 978-1-989853-84-9

Este documento está orientado a proporcionar información exacta y confiable con respecto al tema y asunto que trata. La publicación se vende con la idea de que el editor no esté obligado a prestar contabilidad, permitida oficialmente, u otros servicios cualificados. Si se necesita asesoramiento, legal o profesional, debería solicitar a una persona con experiencia en la profesión.

Desde una Declaración de Principios aceptada y aprobada tanto por un comité de la American Bar Association (el Colegio de Abogados de Estados Unidos) como por un comité de editores y asociaciones.

No se permite la reproducción, duplicado o transmisión de cualquier parte de este documento en cualquier medio electrónico o formato impreso. Se prohíbe de forma estricta la grabación de esta publicación así como tampoco se permite cualquier almacenamiento de este documento sin permiso escrito del editor. Todos los derechos reservados.

Se establece que la información que contiene este documento es veraz y coherente, ya que cualquier responsabilidad, en términos de falta de atención o de otro tipo, por el uso o abuso de cualquier política, proceso o dirección contenida en este documento será responsabilidad exclusiva y absoluta del lector receptor. Bajo ninguna circunstancia se hará responsable o culpable de forma legal al editor por cualquier reparación, daños o pérdida monetaria debido a la información aquí contenida, ya sea de forma directa o indirectamente.

Los respectivos autores son propietarios de todos los derechos de autor que no están en posesión del editor.

La información aquí contenida se ofrece únicamente con fines informativos y, como tal, es universal. La presentación de la información se realiza sin contrato ni ningún tipo de garantía.

Las marcas registradas utilizadas son sin ningún tipo de consentimiento y la publicación de la marca registrada es sin el permiso o respaldo del propietario de esta. Todas las marcas registradas y demás marcas incluidas en este libro son solo para fines de aclaración y son propiedad de los mismos propietarios, no están afiliadas a este documento.

TABLA DE CONTENIDO

Parte 1 1

Introducción.. 2

¿Qué Es La Meditación Y Cómo Practicarla? 5

Preparándose Para Meditar: Tu Estado Físico Y La Meditación 10

Cuándo Meditar. 11

Reducción De La Perturbación / Interrupción 14

Tu Postura Y Meditación 17

Tu Estado De Ánimo Y Meditación....................................... 23

Las Actitudes De La Sublimidad 24

Buena Voluntad 26

Ecuanimidad 26

Centrándose En Su Respiración 30

Técnicas Para La Meditación Diaria..................................... 35

Su Enfoque Interno 37

Tus Actividades 42

Su Entorno 44

Otras Posturas Para La Meditación 45

Meditación De Caminar 45

Meditación De Pie 48

Meditación Mientras Se Está Acostado 50

Conclusión 53

Parte 2 54

Capítulo Uno:.. 55

Introducción A La Meditación... 55

Capítulo Dos:	59
Meditación Chakra	59
MEDITACIÓN CHAKRA PARA DIFERENTES CHAKRAS	60
Chakra Raíz:	*60*
Chakra Sacro:	*61*
Chakra Del Plexo Solar:	*62*
Chakra Del Corazón:	*63*
Chakra De La Garganta:	*65*
Chakra Del Tercer Ojo:	*66*
Chakra Corona:	*67*
Capítulo Tres:	69
Elegir Energías Y En Tu Lugar Tranquilo	69
Capítulo Cuatro:	72
Sanación Y Equilibrio	72
AMBIENTE TRANQUILO	72
POSICIÓN DE MEDITACIÓN	73
UN TEMPORIZADOR AYUDA	73
CERRAR TUS OJOS	74
ENFOCARTE EN TU RESPIRACIÓN	74
NO JUZGAR	75
Capítulo Cinco:	76
El Poder De La Meditación Y La Lluvia De Ideas	76
Capítulo Seis:	79
Meditación Del Dolor Crónico Y Restauración	79
NOTAR EL DOLOR	80
ESTAR PRESENTE	80
GANAR INTERÉS	80
REPETIRLO REGULARMENTE	81
Capítulo Siete:	82
Voluntad De Practicar Y Aplicar Las Enseñanzas	82

- Motivación Diaria 82
- Lista De Beneficios 83
- No Poner Ninguna Excusa 83
- Es Un Estilo De Vida 84
- Meditar Diariamente 84
- Incluirlo En Tu Agenda 85
- Disminuir Tus Expectativas 85

Conclusión 87

Parte 1

Introducción

Quiero agradecerte y felicitarte por descargar el libro.

La meditación es un proceso de entrenamiento de sus pensamientos para permanecer en el estado actual. Esto se debe a que la verdadera paz se encuentra en el estado actual en oposición a los estados futuros y pasados, lo que le impide sentir la paz que se supone es: el estado actual. Cuando piensas en el futuro, es decir, lo que podría, puede o que inevitablemente sucederá, puede llevar al miedo y / o ansiedad. Cuando piensas en el pasado, es decir, lo que sucedió o pudo haber ocurrido, puede llevar a la depresión, la ira, la tristeza o los celos. Por lo tanto, cuando la meditación es continua, entrenas tu mente para permanecer en tu estado actual y te enfocas en ello completamente sin pensar en el futuro o el pasado. En consecuencia, estás libre de emociones no deseadas o insatisfactorias, las cuales acompañan tus pensamientos.

Mayormente, la meditación se aprende y se usa para mejorar la vida en general de cualquier persona. El objetivo principal de comenzar una práctica de meditación es enfocar la mente lejos del caos y el estrés de la vida cotidiana, incluidas las obligaciones familiares, los problemas relacionados con el trabajo, finanzas o incluso de cosas simples como hacer las tareas domésticas. Básicamente, la meditación sirve como un método para encontrar la paz, la felicidad y el éxito en la salud y otros aspectos de la vida.

Este libro describe las técnicas de meditación, las cuales están destinadas para el uso diario y, fundamentalmente, a tener un estilo de vida feliz y saludable. Trata de las técnicas del conjunto de instrucciones del Buda, específicamente sobre cómo utilizar la respiración para condicionar y entrenar la mente. De acuerdo con el Canon Pali, que es el registro más antiguo de las enseñanzas de Buda, la respiración es significativo para los asuntos de meditación relajante para la mente y el cuerpo, el desarrollo de una máxima atención, el discernimiento y la concentración, y el camino al despertar. Por suerte, no es necesario ser budista para practicar o utilizar estas técnicas.

Este libro también analiza las técnicas de meditación para equilibrar el estado de satisfacción y el sentirse bien con uno mismo que se tiene en la actualidad. A su vez, la mente estará disponible a obtener y producir información equilibrada para determinar los factores que causan estrés y sufrimiento y, finalmente, dejar de lado esos factores.

Hay solo un enfoque fundamental para cada técnica: entender todas las acciones como parte de una cadena de causas y efectos, manejando dichas causas de una manera más afirmativa o de un modo más optimista. Además, las técnicas en este libro le permiten reflexionar sobre sus pensamientos, palabras o hechos mientras los estás haciendo. Finalmente, el propósito de este libro es exponer la práctica de la meditación, así como sus conceptos y técnicas, de una manera sencilla de tal modo que los lectores puedan entender y poner en práctica todo lo escrito fácilmente.

Gracias de nuevo por descargar este libro, ¡espero que lo disfruten!

¿Qué es la meditación y cómo practicarla?

La meditación es un método que entrena la mente para desarrollar lasfuerzas y habilidades necesarias para resolver tus problemas. Aun cuando, hay una serie de problemas asociados con la mente, también existen varios tipos de meditación que pueden resolver tales problemas de la misma manera que existen varios remedios para diferentes enfermedades del cuerpo.

En este libro, las técnicas de meditación están todas enfocadas en resolver el problema más básico de la mente, que es el estrés y el sufrimiento que nos inflige a través de pensamientos y acciones. Por ejemplo, a pesar del hecho de que la mente quiere la felicidad, esto aún conlleva un dolor mental en si mismo. Se dice que este dolor surge de los esfuerzos equivocados de la mente para encontrar la felicidad. La buena noticia es que la meditación ayuda a descubrir las razones por las que la mente reacciona de este modo y ayuda a corregir dicha reacción.

A medida que la práctica de la meditación corrige los conceptos erróneos de la mente, también ayuda a abrir posibilidades para la felicidad genuina, en la que puedes confiar y mantener toda la vida. De hecho, a través de la meditación junto con tus propios esfuerzos, la felicidad genuina es posible. No tienes que contentarte con los placeres temporales o convencerte de que la felicidad temporal es todo lo que la vida puede brindarte. Además, no tienes que hacer que alguien o algo fuera de ti sea la base de tu felicidad. La meditación puede ayudarlo a entrenar su mente para obtener una felicidad genuina, la cual no le causa daño o dolor a usted ni a nadie más.

Aparte de tener un objetivo positivo, la práctica de la meditación también utiliza técnicas o métodos altamente desarrollados para alcanzar dicho objetivo.

Estas técnicas involucran cualidades mentales y actividades que usted puede desarrollar, tales como atención plena, honestidad, discernimiento, compasión e integridad.

La felicidad genuina no requiere tomar nada de nadie más, ya que solo puede provenir desde nuestro interior. Tu felicidad no debe obstaculizar la felicidad de otros humanos. En consecuencia, cuando seas feliz por dentro, tendrás más para compartir con otras personas. Esta es precisamente la razón por la que la práctica de la meditación se considera un acto de bondad no solo para con uno mismo, sino también para los demás.

A través de la meditación, puedes resolver tus problemas asociados con el estrés y el sufrimiento. En efecto, usted será la persona que más se beneficiará. Sin embargo, lidiar con su propio estrés y sufrimiento también puede beneficiar a las personas que lo rodean. Esto se debe a que cuando está estresado o sufre de varios problemas o enfermedades, tiende a debilitarse. Por otro lado, no solo te impones una carga a ti mismo, sino también a quienes te rodean, como tu familia, compañeros de trabajo o amigos. También colocas la carga de tu estrés y sufrimiento a los demás al depender de ellos para tu apoyo; dañándolos o lastimándolos con las cosas que podrías decir o hacer debido al miedo o la debilidad; o no poder ayudarlos con sus problemas ya que tus manos están llenas de tus propios problemas.

A la inversa, cuando tu mente aprende a dejar de infligirse estrés y sufrimiento, se convierte en una carga menor para los demás. Además, se vuelve más adecuado para brindarles ayuda o apoyo con sus propios problemas. Como tal, a través de la práctica de la meditación, aprendes a respetar todo lo que hay dentro de ti que vale la pena respetar. También descubres o desarrollas tu habilidad para encontrar la felicidad genuina a través de tus esfuerzos.

Es posible que se requiera mucho entrenamiento, habilidad y dedicación para poder terminar con el estrés y el sufrimiento autoinfligido de su mente. Sin embargo, las técnicas de meditación en este libro pueden ayudarlo sin importar si está dispuesto a seguirlas a través de su despertar total. Estas técnicas también pueden ayudar a las personas a controlar su dolor o encontrar más paz y estabilidad en sus vidas.

La práctica de la meditación no solo entrena la mente, sino que también la fortalece para abordar los problemas diarios mediante el desarrollo de las cualidades de atención plena, concentración, discernimiento y estado de alerta, que son beneficiosos en diversas actividades en el hogar, la escuela, el trabajo o donde tu puedas estar. Además, estas cualidades también son instrumentales para abordar algunos de los problemas más difíciles de la vida, como el trauma, la adicción, la enfermedad, la decepción, el envejecimiento e incluso la muerte. Cuando su mente desarrolla las cualidades mencionadas a través de la práctica de la meditación, puede ser más fácil lidiar con problemas más difíciles. Aparte de la mente, su cuerpo como un todo también puede beneficiarse de la práctica de la meditación.

Si, por ejemplo, crees que no estás dispuesto a realizar el viaje hacia la libertad total del estrés y el sufrimiento, la meditación todavía puede ayudarte a enfrentar tus problemas de una manera más hábil. La meditación puede ayudarte a causar menos daño no solo a ti mismo, sino también a quienes te rodean. Por otro lado, si decides seguir con la práctica de la meditación, descubrirás los innumerables beneficios que puedes obtener.

Preparándose para meditar: tu estado físico y la meditación

Aunque esta sección trata de prepararse antes de una sesión, es una parte importante de cualquier técnica de meditación. La meditación es una práctica que puedes hacer en cualquier momento, en cualquier lugar y en cualquier postura. Por otro lado, hay algunas situaciones que son más ideales, en comparación con otras, en términos de ayudar a la mente a calmarse o sosegarse. Si eres nuevo en la meditación, es recomendable buscar situaciones en las que haya menos perturbaciones físicas y mentales.

También debe tener en cuenta que hay algunas posturas, que son más propicias que otras. En general, la postura primaria para la meditación es sentarse; sin embargo, es aconsejable aprender a meditar mientras está sentado de tal manera que pueda permanecer en la posición durante largos períodos de tiempo sin causar ningún movimiento o dolor en su cuerpo. Pararse, caminar y acostarse son otras posturas que se usan para meditar.

Cuándo meditar.

Siempre es importante elegir un momento ideal para meditar. Es preferible meditar justo después de que te hayas despertado por la mañana y te hayas lavado la cara. Esto se debe a que su mente aún no está llena de problemas o problemas del día y tu cuerpo está bien descansado. También puede meditar en la noche después de descansar de tus tareas diarias o tu trabajo. Podría pensar que es mejor meditar justo antes de dormir que después de descansar del trabajo. Sin embargo, si haces esto, estás inclinado a asociar la meditación con el sueño. Podría decirse que una vez que haya terminado de meditar, se irá a la cama. Es como si tuvieras que apresurarte a meditar para que ya puedas irte a la cama. Será más difícil para usted concentrarse o enfocar su mente, ya que está inclinado a buscar su cama o almohada una vez que cierra los ojos durante la meditación.

Por otro lado, si tiene problemas para dormir, es recomendable meditar cuando ya está acostado en la cama. Esto se debe a que la meditación puede ser un sustituto eficaz para el sueño. De hecho, algunas personas que han probado la meditación atestiguan que puede ser más refrescante y rejuvenecedor que el sueño. La meditación puede hacer que las tensiones mentales y físicas se desvanezcan o disminuyan lo cual es mejor que dormir. Sin embargo, necesita encontrar otro momento del día para meditar, aparte de hacerlo cuando ya está acostado en la cama. Es mejor tratar la meditación como un ejercicio para mantenerse alerta también.

Probablemente el peor momento para meditar es justo después de consumir una comida abundante. Esto se debe a que tu sangre se dirigirá a tu sistema digestivo, lo que podría causarte sueño o somnolencia.

Dónde meditar. Escoger el área donde meditar es tan importante como el momento en que lo va a hacer. Necesita encontrar un área en su hogar o en el exterior que esté tranquila y libre de cualquier cosa que pueda interrumpirlo. Si está realizando una rutina diaria de meditación, es recomendable elegir un área a la que normalmente no va; una que raramente se usa o noutilizada en absoluto para otros fines. Considera un lugar en el que no puedes pensar nada, sino en meditar. Tiene que estar en un lugar que sea exclusivamente para fines de meditación solamente. De esta manera, podrá desarrollar asociaciones silenciosas con esa área cada vez que vaya a sentarse y meditar. Por lo tanto, se convertirá en un área especial donde puede estar tranquilo y simplemente estar quieto. El proceso de calma se volverá aún más fácil si también mantiene el área alrededor limpia.

Reducción de la perturbación / interrupción

Si no puede recibir ayuda y tiene que meditar cuando otras personas están dentro de su hogar o en el área que ha elegido, infórmeles que no desea que lo molesten ni lo interrumpan mientras está meditando a menos que haya una emergencia. Si estás con hijos y eres el único adulto en el que pueden confiar, elige un momento en el que estén dormidos. Sin embargo, si los niños tienen la edad suficiente, dígales que necesita meditar y que necesita privacidad dentro de un cierto tiempo. Dado que estos son niños, es inevitable no ser molestado, específicamente con problemas que no sean de emergencia. Cuando esto suceda, cuénteles lo más calmadamente que pueda que todavía está meditando y, una vez que haya terminado, atenderá todo lo que necesiten de usted. En el caso de que quieran meditar contigo, dales la bienvenida; sin embargo, asegúrese de establecer sus reglas, especialmente con su comportamiento para que no molesten su tiempo de silencio. Aparte de las personas que potencialmente pueden perturbar o interrumpir su meditación, asegúrese de apagar su teléfono celular o cualquier otro dispositivo.

Si necesita algo que le avise, use un reloj o cronómetro que no marque cada segundo. Si está empezando, ponga su reloj en veinte minutos. Esto le proporcionará tiempo suficiente para establecerse. Evite tomar demasiado tiempo cuando recién comienza, ya que puede frustrarse o aburrirse si no hace las cosas correctamente. Sin embargo, puede aumentar su tiempo para la meditación gradualmente de 5 a 10 minutos a medida que desarrolla sus habilidades de meditación.

Tan pronto como haya establecido su tiempo, asegúrese de colocarlo en un lugar donde no pueda verlo o escucharlo durante la meditación. Esto se debe a que podría estar inclinado a echar un vistazo a la hora o acelerar su meditación si su reloj está justo a su lado o en un área donde pueda verlo.

Si tiene mascotas en la casa, específicamente un perro u otros animales que posiblemente puedan hacer un ruido o ingresar al área elegida, tenga cuidado de asegurarlos en otro lugar antes de meditar. Aunque es muy posible que, digamos, su perro o gato comience a gimotear y arañar la pared o la puerta, deje que entre en el lugar elegido. Sin embargo, asegúrese de poner un límite a sus reacciones para que sus mascotas reciban el mensaje de que cada vez que se encuentre en esa área, es que necesita estar tranquilo. En pocos días, su mascota recibirá el mensaje e incluso podría quedarse en la habitación sentado o acostado con usted. Por otro lado, si su mascota no recibe el mensaje, póngalo en algún otro lugar donde no escuche sus quejas o arañazos.

Tu postura y meditación

Una de las partes más importantes del entrenamiento de tu mente depende de cómo entrenas a tu cuerpo para que se mantenga quieto con el fin de concentrarse en los movimientos de su mente sin ser molestado por ningún movimiento físico. Esto es específicamente cierto si no puede quedarse quieto por largos períodos. Necesitas entrenar tu cuerpo como entrenas tu mente.

Si usted es un principiante, las primeras sesiones no requieren demasiada atención en su postura. Solo tienes que priorizar el entrenamiento de tu mente primero. Como tal, solo necesita sentarse cómodamente, pensar en los pensamientos de buena voluntad y verdadera felicidad no solo para usted, sino también para los demás. En el caso de que se sienta incómodo con su postura, puede cambiar ligeramente para aliviar el malestar; sin embargo, mantenga su atención en la respiración o en su respiración a medida que se desplaza. Cuando esté listo para concentrarse tanto en la respiración como en la postura, puede probar las siguientes técnicas:

Siéntese en el suelo Esta es una postura de meditación estándar que reemplaza su sentido del cuerpo con una sensación de espacio o de conocimiento puro. Una postura preferible es sentarse en el suelo con las piernas cruzadas. Puede colocar una manta doblada debajo de sus huesos y / o debajo de las piernas dobladas. Esta postura de meditación es estable y se puede utilizar en cualquier lugar. Una vez que te sientas en el piso, no debes tener la tendencia a caerte sin importar si eres un principiante o si ya estás en los niveles avanzados de meditación. Cuando ya estás acostumbrado a esta postura, puedes ir a cualquier lugar que prefieras meditar. No es necesario que traiga muchos cojines ni ningún otro material.

Puedes completar esta técnica de meditación haciendo esto:

Siéntese en el suelo con la manta doblada debajo de la pierna doblada. Asegúrese de que su pierna izquierda esté doblada frente a usted mientras que su pierna derecha está doblada en la parte superior de su pierna izquierda. Tus manos deben estar en tu regazo con la mano derecha sobre la izquierda, ambas palmas hacia arriba. Para evitar un desequilibrio en su columna vertebral, cambie las posiciones de sus piernas y manos, alternando las que están sobre las que están debajo de ellas.

Luego, coloca tus manos cerca de tu estómago. Esto ayudaría a mantener la espalda recta y evitar la tendencia de irse hacia adelante. Entonces, siéntate derecho mientras miras delante de ti. Cierra tus ojos. Si tiene problemas para mantener los ojos cerrados o si lo obliga a dormir, puede dejarlos medio abiertos y bajar la vista a un lugar de unos tres a cuatro pies frente a usted. Cuando mires a los ojos, asegúrate de mantenerlos suaves en lugar de mirarlos fijamente.

Tome nota si su cuerpo se inclina hacia la derecha o hacia la izquierda. Si lo hace, relaja los músculos que te están inclinando hacia esa dirección. Vuelva a colocar su columna vertebral en una alineación recta que le resulte cómoda.

Luego, levante ligeramente los hombros hacia atrás y luego hacia abajo, creando un arco leve en la parte media y baja de la espalda. Para evitar poner todo el peso en los músculos de la espalda, tire de su estómago un poco y relájese en esta posición. El objetivo de esta postura es discernir cuántos músculos puedes relajar en tu cuerpo y aún mantenerte erguido. Este es un paso importante en esta técnica, ya que le ayuda a permanecer en la postura con una tensión mínima.

Esta posición se denomina postura de medio loto, dado que una pierna está encima de la otra. Por otro lado, si ya dominas esta postura, puedes probar la posición de loto completo en la que tu pierna derecha está en la parte superior de tu izquierda, colocando tu pierna izquierda en la parte superior de la derecha. Aunque esta es una posición muy estable, primero debe ser competente en la postura de medio loto.

Al comienzo de la postura de medio loto, es posible que las piernas se adormezcan o parezcan dormidas. Esto se debe a que la sangre que fluye en las arterias principales se empuja hacia los capilares pequeños. Puede que te sientas incómodo al principio, sin embargo, esta postura no daña tu cuerpo ya que puede adaptarse a ella. Una vez que los pequeños capilares transportan una cantidad adicional de sangre con frecuencia, se agrandarán, mientras que su sistema circulatorio será redirigido para acomodar una nueva postura.

Si desea acostumbrarse a todas las posturas de meditación, necesita cambios en una a la vez. Permítase acostumbrarse a una postura gradualmente antes de cambiar a otra. En esta postura, no es aconsejable sentarse durante horas si usted es solo un principiante, ya que puede dañar sus rodillas.

En el caso de que no pueda hacer el medio loto, puede probar una posición más suave conocida como la posición de sastre. En esta posición, todavía se sentará con las piernas cruzadas. Dobla tus piernas, poniendo la derecha en el piso. Asegúrese de que esté frente a su pierna izquierda, formando un ángulo más suave. Su pierna izquierda no debe ser presionada hacia abajo por la pierna derecha para aliviar algo de la tensión o la presión en ambas piernas.

Sillas / Bancos Al igual que sentarse en el suelo, esta postura también reemplaza su sentido del cuerpo con una sensación de espacio o de puro conocimiento. Sin embargo, esta postura es aconsejable si tiene una lesión en la cadera o la rodilla, lo que puede dificultar el sentarse con las piernas cruzadas. Alternativamente, puede sentarse en una silla o banco y hacer lo siguiente:

Arrodíllate, asegurándote de que tus espinillas estén en el suelo. Coloque la silla o el banco sobre sus pantorrillas y recuéstese en la silla. Sillas de meditación y bancos varían en diseños. Algunos pueden moverte de un lado a otro, permitiéndote elegir el ángulo que prefieras o cambiarlo a voluntad. Otras te obligan a sentarte en un ángulo específico.

En el caso de que ninguna de las tres alternativas, como sentarse en el suelo, sentarse en el suelo con un espacio en blanco o cojines, o sentarse en una silla de meditación, te acomoden, puede comprar otros estilos de cojines de meditación, que generalmente están disponibles en tiendas de equipamiento de Yoga. Sin embargo, puede ser un desperdicio de dinero comprarlos, dado que una almohada firme o una manta doblada adicional servirán. Además, si te tomas en serio la práctica de la meditación, debes aprender a improvisar con los materiales que tienes.

Tu estado de ánimo y meditación

En este punto, tu cuerpo ya debería estar en posición. Por lo tanto, debe tomar un par de respiraciones profundas mientras toma nota de su estado mental. Observe si su mente se queda con la respiración o se aleja mientras inhala y exhala. Si encuentras que algunas partes de tu mente son menos cooperativas, contrarréstalas. El punto es que no permites que un estado de ánimo dicte si vas a meditar o no.

Además, es mejor tener una mala sesión de meditación en lugar de no tener ninguna. Lo que es importante es que aprendas a rechazar las partes no cooperativas de la mente hasta cierto punto. Además, cuando aprendes a rechazarlos, también llegas a entenderlos. Es comparable a crear un puente sobre un río. No sabrías cuán fuertes son las corrientes del río a menos que construyas el puente.

Si algunas partes de su mente no son cooperativas, existen algunas reflexiones estándar para socavarlas. Estas reflexiones son una parte importante de las técnicas de meditación a medida que pasan por los cuentos habituales de la mente. Estas reflexiones también crean nuevos miembros del comité de su mente con nuevas historias, que ayudarán a poner las cosas en perspectiva. Por lo tanto, tu mente estará más decidida a permanecer con la respiración.

Las actitudes de la sublimidad

Una de las reflexiones más importantes es desarrollar las actitudes de sublimidad sin límite. Estos incluyen la buena voluntad, la alegría empática, la compasión y la ecuanimidad para todos los seres, a los que se hace referencia como brahmaviharas o actitudes sublimes. Dado que son muy útiles, la mayoría de las personas comienzan a desarrollarlas durante varios minutos al comienzo de cada sesión de meditación, ya sea que haya o no conciencia de la necesidad de ellas.

Desarrollar actitudes sublimes es parte de una técnica de meditación que se utiliza para enterrar resentimientos de resentimientos diarios o conflictos con otras personas. También se usa para recordar a las personas las razones por las que están meditando; es decir, buscar una felicidad genuina que sea segura e inofensiva para ellos y quienes los rodean.

Como se mencionó anteriormente, la meditación es una de las formas más efectivas de encontrar la felicidad, que no perjudica a nadie. Al meditar, también creas una nueva historia para tu vida. Por ejemplo, si eres devorado por los resentimientos, la meditación te permite desarrollar un corazón generoso y demostrarte que puedes ir más allá de las circunstancias difíciles.

Aunque hay cuatro actitudes sublimes, pueden estar contenidas en dos, que son buena voluntad y ecuanimidad.

Buena voluntad

Esta actitud sublime es un deseo de felicidad genuina, no solo para ti, sino también para los demás. La compasión es igualmente una actitud que se desarrolla a través de la buena voluntad al ver que otras personas se ven afectadas por circunstancias que resultan en sufrimiento. Cuando tienes buena voluntad y compasión, deseas que el sufrimiento se detenga. La buena voluntad también desarrolla una alegría empática al ver que las personas se ven afectadas por circunstancias que resultan en felicidad. Tú deseas que la felicidad de otras personas continúe.

Ecuanimidad

Esta actitud sublime es lo que necesita desarrollar a medida que discierne que ciertas cosas no están bajo su control. Si te dejas afectar demasiado con cosas que están fuera de tu control, desperdicias la energía que supuestamente es para áreas en las que puedes tener un efecto.

En la siguiente sección, aprenderá la técnica de meditación para desarrollar la buena voluntad y la ecuanimidad:

Antes de realizar esta técnica, debe recordar el concepto de buena voluntad; Es decir, un deseo o deseo de felicidad genuina. Al difundir los pensamientos de buena voluntad, está deseando o deseando que usted y los demás desarrollen las causas de la felicidad genuina. Al mismo tiempo, está comprobando la intención de seguir desarrollando o mejorando la felicidad genuina de cualquier manera que pueda a través de sus pensamientos e interacción con los demás. Dado que no todas las personas estarán de acuerdo con su deseo o deseo, es importante desarrollar pensamientos de ecuanimidad para abordar los casos en que las personas se resisten a pensar o actuar por el bien de la felicidad genuina. Por lo tanto, se le evitará que sufra demasiado cuando los demás no cooperan y puede permanecer concentrado en las circunstancias en que puede ser útil.

Para comenzar la técnica de meditación para la buena voluntad, establezca en su mente una expresión común de buena voluntad como, "Puedo estar libre de dolor y estrés". Puedo ser feliz. Puedo liberarme de la hostilidad, la opresión y los problemas. Puedo cuidarme con facilidad". Posteriormente, transmita los mismos pensamientos a los demás, no solo a los que están cerca de su corazón. Pero también a aquellos que no te gustan o ni siquiera sabes. También puede extender sus pensamientos de buena voluntad a todos los demás seres vivos. Dígase a sí mismo: "Puedo estar libre de dolor y estrés. Puedoser feliz. Puedo estar libre de hostilidad, opresión y problemas. Puedo cuidarme con facilidad ". Mientras piensas en este deseo, imagínalo extendiéndose en toda dirección.

Esto ayuda a ampliar el alcance de tu mente.

Para concluir la técnica de meditación, desarrolla una actitud de ecuanimidad. Tenga en cuenta que todos los seres tendrán su propio tipo de felicidad o tristeza de acuerdo con sus acciones. Más a menudo que no, sus acciones están más allá de su control. Además, tus acciones pasadas ya no pueden ser borradas.

Si sus acciones pasadas obstaculizan su deseo de felicidad para los demás, debe animarse a aceptar los hechos con ecuanimidad. Concéntrese en las áreas en las que puede ser útil o hacer una diferencia a través de lo que puede hacer ahora. Por lo tanto, la técnica de meditación general para la ecuanimidad se centra en el tema de la acción. Esto significa que todos los seres vivos son responsables de sus acciones. Nacen de sus acciones tanto como son herederos de sus acciones. Todos los seres vivos están asociados entre sí a través de sus acciones y que coexisten en sus acciones. Por lo tanto, ya sea que hagan bien o mal, serán herederos de sus acciones.

Cuando pienses de esta manera, no serás

presionado a cambiar lo que no puedes cambiar y solo dedicar tu energía y buena voluntad a aquellos que puedas.

Centrándose en su respiración

Después de prestar atención a su estado mental, ahora está listo para concentrarse en su respiración. Esta es otra técnica de meditación para hacer que tu vida sea feliz y saludable. Hay seis pasos fundamentales que puede hacer para prestar atención a su respiración.

Primero, encuentra una forma de respirar con la que puedas sentirte más cómodo. Comience este paso respirando profundamente, dentro y fuera un par de veces. Esto ayuda a energizar su cuerpo para la meditación, así como a hacer que su respiración sea más fácil de observar. También es un buen hábito respirar profundamente al inicio de la sesión de meditación, ya que puede ayudar a contrarrestar las inclinaciones para suprimir la respiración mientras trata de mantener la mente concentrada.

Las sensaciones de respiración en el cuerpo le dicen cuando está inhalando o exhalando. Tome nota si su cuerpo está cómodo mientras inhala y exhala. Cuando te sientas cómodo, permanece con tal manera de respirar. De lo contrario, ajusta tu respiración si te sientes incómodo.

Segundo, enfóquese y quédese con cada inhalación y exhalación. En el caso de que su enfoque se mueva, puede volver a enfocar fácilmente tomando nota de su respiración. Mientras no pueda enfocar adecuadamente, devuélvalo a su respiración. Puede ser desalentador perder el enfoque a menudo; sin embargo, una buena motivación es recompensarse con un aliento especialmente satisfactorio cada vez que regrese. Esto lleva a tu mente a desarrollar asociaciones positivas con tu respiración. Cuando su respiración y mente se conecten, le resultará mucho más fácil enfocar y reenfocar rápidamente.

Para mantenerte enfocado en tu respiración, puedes usar un término de meditación. Uno de los términos de meditación más populares para esto es Buddho, que significa despierto. Cuando piensas capullo, significa respirar y dho para exhalar. De hecho, puedes simplemente pensar en respirar y exhalar. Puedes mantener el término de meditación tan largo como tu respiración. Cuando es mucho más fácil permanecer con la respiración, puede abandonar el término de meditación para que pueda concentrarse más en su respiración.

Tercero, *expanda su conciencia a diferentes partes de su cuerpo cuando las sensaciones respiratorias obvias sean cómodas para tomar nota de las sensaciones más sutiles.* Puedes comenzar este paso, sección por sección. Asegúrese de comenzar sistemáticamente para que aborde todas las partes del cuerpo. Una vez que desarrolle una sensibilidad automática a su cuerpo, ya puede sentir las partes que necesitan la mayor atención y dirigir su enfoque allí. Sin embargo, cuando recién comienza su meditación, asegúrese de establecer una guía clara en mente.

El tiempo que dedique a cada parte o sección de su cuerpo depende de usted. En general, es posible que desee pasar unos minutos con cada sección; sin embargo, es recomendable proporcionar más tiempo para las secciones en el meridiano central de su cuerpo en lugar de las secciones ubicadas a los lados. También debe dar más tiempo a sus hombros, piernas y espalda.

En cuarto lugar, elija un área en su cuerpo para establecerse. No importa qué área o parte de su cuerpo elija, siempre que la energía de la respiración sea clara y permanezca concentrado. Algunas de las áreas más comunes incluyen la parte superior de la cabeza; la mitad de la cabeza; la mitad de la frente; el punto entre las cejas; la punta de la nariz; la parte posterior del cuello en la base del cráneo; el paladar, la base de la garganta; el ombligo o un punto justo encima de él; el esternón o la punta del esternón; y la base de la columna vertebral. Puedes experimentar con diferentes áreas de tu cuerpo una vez que hayas realizado varias sesiones de meditación.

En quinto lugar, difunda su conciencia desde el área o punto elegido para que sacie el cuerpo con cada inhalación y exhalación. Este paso puede compararse con una vela encendida en una habitación oscura. Aunque la llama de la vela solo proviene de un área, todavía llena el cuarto entero con su luz.

De la misma manera, usted quiere que su conciencia se centre en un área específica, pero de una manera extensa. A medida que exhala, su sentido de la conciencia tiende a reducirse. Como tal, recuerde con cada respiración que todo su cuerpo hace esto: "todo el cuerpo respira, todo el cuerpo exhala. Cuando alcanza la conciencia de todo el cuerpo, evita que se adormezca cuando su respiración se vuelve demasiado cómoda.

Sexto y último paso, piense en la energía de la respiración que fluye a través de todo su cuerpo con cada inhalación y exhalación. Permita que su respiración encuentre qué textura o ritmo se siente mejor. Imagina que todas las energías de la respiración se conectan y fluyen armoniosamente por todo tu cuerpo. Cuando pienses que estas energías están estrechamente conectadas, será fácil para ti concentrarte en tu respiración. A lo largo de la sesión de meditación, mantenga esa sensación de respiración de cuerpo completo.

Técnicas para la meditación diaria.

Hay dos razones principales por las que es sabio incorporar la meditación en su vida diaria. Primero, establece un impulso, que se lleva de una sesión a otra. En segundo lugar, le permite soportar las habilidades que ha desarrollado justo donde más se necesitan.

Por otro lado, algunas personas simplemente no pueden ver el significado de incorporar la meditación en su ajetreada vida cotidiana. Consideran la meditación como una tarea adicional que deben cumplir en sus horarios diarios que ya son exigentes. A la inversa, la meditación proporciona a un individuo un lugar estable para ponerse de pie con el fin de abordar o lidiar con otras responsabilidades diarias con cierta facilidad y compostura. Muchos meditadores atestiguan que cuanto más alerta y con mayor atención presten a sus responsabilidades, mejor se desempeñan.

La práctica de la meditación en la vida diaria te hace estar más alerta y atento para hacer tu trabajo en lugar de interferir con él. Sin embargo, es un poco más complicado que la meditación caminando. Esto se debe a que la meditación en la vida diaria implica tres áreas principales de enfoque. Estos incluyen: (1) mantener su enfoque interno (2) mientras realiza sus actividades (3) en medio de las actividades que lo rodean. Lo que hace que esta técnica sea más difícil que la meditación estándar es que necesitas mantener tu enfoque interno mientras trabajas en medio de todas las prisas a tu alrededor. Los números 2 y 3 están menos bajo tu control, lo que los hace más complejos.

Alternativamente, hay varias formas de abordar las complejidades de la meditación en la vida diaria. De hecho, puede utilizar cualquier método de control sobre sus acciones y entornos para establecer mejores condiciones para su práctica de meditación.

Si realmente desea eliminar el estrés y el sufrimiento y obtener un estilo de vida feliz y saludable, debe configurar su vida lo mejor que pueda para desarrollar las habilidades que desea. En todo lo que haga, es aconsejable colocar el entrenamiento de su mente en su lista de prioridades. Cuanto más alto esté en su lista, mejor será para usted y para los demás a su alrededor.

Dado que tiene la intención de incorporar la meditación en su vida diaria, el nivel de compromiso es mucho mayor que simplemente meditar para un propósito específico. En esta sección, debe estar en un espíritu de auto-honestidad. Asegúrese de discernir qué partes de su ser interior están haciendo la selección.

Su enfoque interno

Si está involucrado en una tarea complicada, puede resultarle difícil observar su inhalación y exhalación; Sin embargo, puede mantener la calidad de la energía de la respiración en su cuerpo. Aquí es donde puedes aplicar lo que has aprendido de la meditación sentada. Hay dos habilidades que pueden ser particularmente útiles.

La primera habilidad es tratar de observar el campo de energía de tu respiración y discernir dónde están los puntos de activación. Los puntos de activación son aquellos que tienden a apretarse o tensarse más rápidamente, lo que da como resultado patrones de tensión que se extienden a otras partes del cuerpo. Algunos de los puntos de activación comunes incluyen su garganta; área en su plexo solar, justo en frente de su estómago; el área alrededor de tu corazón; o en la parte superior de sus pies o en el dorso de sus manos.

Una vez que haya discernido un punto de activación, utilícelo como el área central donde enfoca su atención durante todo el día. Necesitas mantener esta área central abierta y relajada. En el caso de que se contraiga o se tensa, deje de hacer algo por un corto tiempo y respire a través de él. Esto es como enviar una buena energía de respiración a su área central y permitir que se relaje. Cuando respira a través de él, elimina la fuerza de la tensión antes de que pase a otras partes de su cuerpo y mente.

Durante sus primeras prácticas de esta técnica de meditación, es posible que se desvíe de su área central más que quedarse con ella. Al igual que la meditación sentada, debes ser paciente pero firme. Cada vez que tome nota de que se ha desviado de su área central, vuelva a ella y suelte cualquier tensión que se haya desarrollado. A medida que avanza, puede establecer metas altas y apuntar a períodos más largos en los que se sienta relajado y concentrado.

Mientras haces esta técnica de meditación, te inclinas a luchar con algunos de tus viejos hábitos defensivos subconscientes; por lo tanto, puede tomar mucho tiempo para dominar esta habilidad. Por otro lado, con su persistencia en mantener el área central relajada, eventualmente llevará menos tensión durante todo el día. Encontrará que es mucho más liviano manejar la carga de sacar algo de su sistema. Además, también se sentirá más cómodo y estable; Por lo tanto, le resultará agradable mantener su área central.

A medida que mantienes el área central relajada, te vuelves más sensible a las pequeñas cosas que te ponen nervioso. Como tal, obtienes más información sobre cómo funciona tu mente. También obtiene un lugar donde puede establecerse a partir de sus pensamientos y simplemente los trata como miembros del comité. Por ejemplo, aprendes a determinar algo tan poco hábil cuando se permanece sobre el piso. Respira bien a través de él.

La segunda habilidad para respirar, que es útil a medida que avanza el día, es llenar su cuerpo con respiración y conciencia en momentos de dificultad, especialmente cuando se trata de una persona difícil. Imagina tu respiración como un escudo protector que te protege contra la energía de la otra persona. Piensa en tu respiración como un escudo para que la energía de nadie pueda penetrar en la tuya. Simultáneamente, imagine que las palabras y acciones de la otra persona pasan a través de usted y no hacia usted. Esto te permite sentirte seguro y menos amenazado. Más aún, le permite pensar con mayor claridad sobre cómo debe responder adecuadamente. Dado que está estableciendo un campo de fuerza positiva de energía sólida, la tendencia es tener un efecto calmante en las personas, especialmente en las difíciles. También tiende a tener un efecto estabilizador en la situación en la que se encuentra, ya sea estresante o no.

Es recomendable dominar esta habilidad cuando interactúa con personas que buscan su ayuda para sus problemas. La mayoría de las veces, las personas sienten inconscientemente que ser empático significa absorber algo del dolor de otras personas. Sin embargo, absorber su energía no les ayuda en absoluto. De hecho, no aligera su carga porque simplemente cree que Ud. lleva el peso de la otra persona. Puede ser empático y, al mismo tiempo, ver los problemas de los demás con mayor claridad si mantiene y permanece en el área central donde la energía de la respiración es buena. De esta manera, también evitas ser confundido con su dolor y el tuyo.

Es más preferible integrar estas dos habilidades de respiración en una sola habilidad. Esto quiere decir que mantienes tu enfoque en el área central, tratándolo como un modo predeterminado; sin embargo, debes aprender cómo expandir la conciencia y la respiración del área para que llene todo el cuerpo cada vez que sientas la necesidad. Al hacerlo, estará preparado para lo que sea que enfrente a lo largo del día.

Tus actividades

Cuando comience a meditar en la vida diaria, descubrirá que las perturbaciones que experimenta no provienen todas de fuentes externas. De hecho, la mayoría de los disturbios provienen de lo que piensas, dices y haces. Puedes perder el equilibrio a través de tus propias actividades. Por lo tanto, el principio de restricción es importante en la práctica de la meditación en la vida diaria.

En general, las personas deshacen el trabajo de su meditación absteniéndose de hacer cosas y dirigiendo su enfoque de varias maneras. Sin embargo, la moderación no es lo mismo que el confinamiento. Del mismo modo, no es un límite en el rango de sus actividades. De hecho, la moderación es tu camino para liberarte del dolor o daño que te infliges a ti mismo ya los que te rodean.

Además, la práctica de la moderación no implica limitar el alcance de su conciencia. En general, las personas simplemente se enfocan en lo que les gusta o no les gusta cuando están haciendo o mirando algo. Por otro lado, la restricción te permite percibir por qué te gusta o no te gusta algo. Te permite ver cuál es el resultado cuando te ajustas a tus gustos y aversiones. Por lo tanto, expandes la forma en que ves las cosas y obtienes un entendimiento en las áreas de la mente, que de lo contrario permanecerían ocultas. La moderación es un método para desarrollar el discernimiento.

Su entorno

En general, los valores de la mayoría de las personas son directamente opuestos a una vida meditativa. La mayoría de las personas se inclinan a hacer una idea de la felicidad genuina. Algunos evitan por completo el tema de la verdadera felicidad. Sin embargo, otras personas piensan que nunca pueden obtener verdadera felicidad a través de sus propios esfuerzos. Esto no solo es cierto para la mayoría de las sociedades liberales, sino también en las sociedades tradicionales o conservadoras. En las sociedades modernas o liberales, todas las formas de medios tienden a sugerir buscar la felicidad en las cosas temporales.

A la inversa, la práctica de la meditación es constantemente contracultural en términos de felicidad genuina e inmutable. Esto significa que cuando se trata de la verdadera felicidad, nadie más puede proteger y defender su convicción que tú mismo. Usted es el único que puede proteger su convicción. Como tal, necesita aprender cómo proteger su práctica de diferentes valores sociales.

Otras posturas para la meditación

Aparte de la meditación sentada, también puedes meditar en otras posturas. Estas incluyen caminar, estar de pie y acostarse.

Meditación de caminar

La meditación caminando es una alteración ideal entre mantener una mente quieta cuando tu cuerpo está quieto y mantener una mente quieta en medio de todas tus actividades. Caminar de manera meditativa le permite practicar la habilidad de proteger la quietud de su mente mientras su cuerpo está en movimiento y al mismo tiempo abordar posibles perturbaciones externas o distracciones.

La meditación caminando es idealmente practicada justo después de que termines de practicar la meditación sentada. Esto te permite expandir tu mente inmóvil a la práctica de la meditación caminando.

Por otro lado, a algunas personas les resulta más fácil tranquilizarse mientras están sentados después de haber realizado primero una sesión de meditación caminando. Esto es en realidad una disposición personal.

Si va a realizar una sesión de meditación caminando justo después de una comida, le permitirá a su cuerpo digerir los alimentos que ha consumido y evitar la sensación de somnolencia a través del movimiento de su cuerpo.

Puedes practicar la meditación caminando de dos maneras. Una es caminando hacia adelante y hacia atrás en un camino específico y la segunda, dando un paseo. Caminar hacia adelante y hacia atrás es más aplicable si desea que su mente se calme. Ir a dar un paseo, por otro lado, es más propicio cuando no tiene acceso a un camino sin interrupciones en el que puede caminar de un lado a otro sin incitar las preocupaciones o la curiosidad de otras personas.

Antes de comenzar su sesión de meditación para caminar, asegúrese de estar de pie por un tiempo, alinear su cuerpo y prestar atención al área central elegida para tomar nota de su respiración. Asegúrese de respirar de manera que su área central esté renovada y cómoda.

Luego, camine a un ritmo ideal. Asegúrate de caminar con compostura, pero sigue luciendo natural. Es importante no dejar que nadie sepa que en realidad estás haciendo una sesión de meditación caminando. En la medida de lo posible, mire a su alrededor solo cuando sea necesario y adecuado para mantenerse a salvo de posibles daños.

En el caso de que sus pensamientos comiencen a desvanecerse, todo lo que debe hacer es detenerse por un tiempo y volver a enfocar el área central elegida. Respire y exhale un par de veces para refrescarse, y luego continúe caminando. Si hay personas a tu alrededor y quieres evitar llamar la atención, puedes fingir que estás mirando algo mientras intentas reenfocarte.

Independientemente de si está practicando la meditación caminando en un camino fijo o si va a dar un paseo, finalice su sesión de pie por unos minutos.

Meditación de pie

La meditación de pie es una práctica que rara vez se hace por sí misma. Más a menudo que no, es una parte de la meditación caminando. La práctica de la meditación de pie es ideal para cinco situaciones mientras caminas.

Primero, cuando sus pensamientos desaparezcan de su respiración, deténgase y párese por un tiempo hasta que pueda volver a concentrarse en su área central. Después de lo cual, puedes comenzar a caminar de nuevo.

En segundo lugar, cuando está cansado de caminar, pero aún desea continuar con su meditación para caminar, párese un momento para descansar. Asegúrate de prestar atención a tu postura como en la primera situación.

En tercer lugar, cuando domina la habilidad de difundir su conciencia y de establecer una respiración cómoda desde el área central para llenar todo su cuerpo, puede ser más fácil que se quede quieto. Una vez que tu conciencia se haya extendido, continúa caminando. En el caso de que pierda esa sensación de todo su cuerpo, deje de caminar nuevamente y quédese quieto para recuperarse de él.

Cuarto, cuando la mente se concentra en un fuerte sentido de concentración a pesar del movimiento de su cuerpo, deténgase y quédese quieto. Esto permitirá que la mente se reúna completamente. En algunos casos, los meditadores establecen un lugar junto a su camino de meditación donde pueden descansar si sus mentes se reúnen tan intensamente que se distraen incluso al permanecer quietos.

Finalmente, cuando la mente te proporciona una visión interesante mientras caminas, detente y quédate quieto. Trate de tomar nota de esa visión con más cuidado. En el caso de que esto te suceda, debes evitar dedicar demasiada atención a tu postura. Esto se debe a que podría ser una distracción de lo que está tomando nota en su mente.

En general, sus manos deben estar juntas frente a usted o detrás de usted mientras está de pie y caminando.

Meditación mientras se está acostado

Meditar mientras está recostado es muy ideal si apunta a una concentración fuerte. Hay algunos casos en los que a los meditadores les resulta más fácil concentrarse mientras están acostados en comparación con la postura sentada. De hecho, les resulta más propicio para ganar una fuerte concentración.

Por otro lado, practicar la meditación mientras está acostado también es propicio para quedarse dormido. Como tal, su principal preocupación al meditar mientras está acostado es no quedarse dormido. Necesitas estar despierto.

En general, si desea practicar la meditación mientras está acostado, es mejor que se acueste sobre su lado derecho en lugar de sobre su lado izquierdo, sobre su estómago o sobre su espalda. Si considera que es necesario acostarse por largos períodos, por ejemplo, si está enfermo, puede cambiar su postura entre estas posturas acostadas.

Hay tres ventajas de acostarse sobre tu lado derecho. Primero, tu corazón está por encima de tu cabeza. Se dice que esto mejora el flujo de sangre de tu cerebro. Esto también implica que si tienes una fisiología invertida; es decir, su corazón está en su lado derecho, es mejor meditar mientras está acostado sobre su lado izquierdo.

En segundo lugar, acostarse sobre su lado derecho promueve una mejor digestión.

En tercer lugar, acostarse sobre su lado derecho le permite ubicarse en un punto de un pie encima de su otro pie sin deslizarse. Esto puede ayudarlo a permanecer despierto hasta que termine su meditación, ya que requiere mucha atención para dedicarse a sus pies. Asegúrese de tener una almohada a la altura adecuada para sostener su cabeza y mantener su columna recta.

Si está acostado sobre su lado derecho, es mejor colocar el brazo derecho justo delante de usted para que el peso no quede sobre él. También es recomendable doblar el brazo de tal manera que su mano derecha quede frente a su cara, con la palma hacia arriba. Su brazo izquierdo debe colocarse recto junto con su cuerpo, con la palma hacia abajo.

Conclusión

¡Gracias de nuevo por descargar este libro! Espero que este libro pueda ayudarlo a aprender sobre el concepto de meditación y sus beneficios no solo para obtener un estilo de vida feliz y saludable; pero en todos los aspectos de tu vida también.

El siguiente paso es las técnicas de meditación que se discutieron en este libro. Estas técnicas resultarán en encontrar una felicidad genuina, lo que implica tener relaciones armoniosas con los demás y con usted también.

¡Gracias y buena suerte!

Parte 2

Capítulo Uno:

Introducción a la Meditación

En el mundo moderno, meditación es una palabra que encontró su camino en el lenguaje cotidiano. Sin embargo, muy a menudo, no es usada con exactitud. Por eso hay mucha confusión sobre de qué se trata todo. Es usada comúnmente como sinónimo de pensar, contemplación o incluso fantasear. El concepto de meditación no es nuevo y ha estado por un largo tiempo. La meditación es una técnica de relajación que ayuda a calmar y descansar tu mente mientras te permite alcanzar un estado de conciencia que es distinto de tu estado regular de consciencia. Te ayuda a entenderte a ti mismo y te conecta con el centro de tu consciencia. La meditación no es una práctica religiosa y tiene principios específicos que producen resultados comprobables. Durante la meditación, tu mente se aclarará, calmará y enfocará en ti mismo. Aunque estás despierto y alerta durante la meditación, tu cerebro no se concentra en los acontecimientos a tu alrededor. La meditación calma tu mente y pensamientos.

Desde nuestra niñez, nuestras mentes están condicionadas a examinar el mundo exterior. Bueno, existe un mundo interno dentro tuyo y a nadie le han enseñado a mirar dentro. Por lo tanto, la mayoría de nosotros no conocemos nuestro verdadero ser. Toda la confusión y desilusión que experimentamos se origina en la falta de entendimiento de nuestra verdadera naturaleza. El sistema de educación formal solo cultiva una pequeña porción de la mente; la mente consciente. La mente humana tiene una sección consciente y una subconsciente. Lasubconsciente consiste en la vasta mayoría de la mente y es esa porción del cerebro que almacena las experiencias, sueños y hasta el sueño. No está sujeto al control humano, a diferencia de la mente consciente. La meditación es el único método que puede ayudarte a ganar control sobre la totalidad de tu mente. El objetivo de la meditación es experimentar paz, felicidad y dicha. No obstante, para hacerlo, necesitas cruzar el obstáculo primario, y eso es la mente. La mente es bastante indisciplinada y le puede ser difícil resistir todas las distracciones. Casi pareciera que la mente tiene su propia voluntad. Bueno, no es así como se supone que sean las cosas. Deberías controlar tus pensamientos y no debería ser al revés. La meditación te ayuda a calmar tu mente, soltar prejuicios innecesarios y ver las cosas por lo que son. Entrena tu mente para superar distracciones.

La meditación te ayuda a calmar tu mente, mejora tu concentración, provee mejor claridad, mejora la comunicación, relaja y refresca tu cuerpo y mente. Tu cuerpo experimenta cambios fisiológicos debido a la meditación. Ayuda a bajar los niveles de azúcar en sangre y presión arterial. Cuando tu presión arterial está bajo control, tus niveles de ansiedad y estrés también estarán bajo control. Todos los dolores y dolencias provocados por el estrés se reducirán. Puedes superar problemas como el insomnio, jaquecas y úlceras. Fortalece tu sistema inmune y te hace más enérgico.

La meditación también tiene varios beneficios mentales. La meditación disminuye la ansiedad y eleva tu estado de ánimo. Te hace mental y emocionalmente estable. La meditación ayuda a desarrollar tu intuición y agudiza tu enfoque. Te ayuda a lograr claridad y tranquilidad mental. La meditación te hace consciente de ti mismo. Entonces, la próxima vez que te sientas abrumado, ansioso o emocionalmente inestable, medita por unos pocos minutos y te sentirás mejor. Cuando estás más calmado, tu habilidad de tomar decisiones asimismo mejora.

Aparte de los beneficios físicos y mentales, la meditación también tiene beneficios espirituales. Te permite convertirte en uno con el cosmos. Además, te ayuda a lograr un estado de armonía contigo mismo y tu entorno. Al margen de todo esto, te permite ver tu persona real. La meditación ayuda en el autodescubrimiento.

Capítulo Dos:

Meditación Chakra

Ahora que sabes de que se trata todo sobre la meditación, el próximo tema que aprenderás es la meditación chakra. La meditación chakra te permite fortalecer y sanar tus chakras. El concepto de meditación chakra es tan viejo como la meditación en si misma. Los centros de energía en nuestro cuerpo son representados por los chakras.

Hay siete chakras presentes en el cuerpo y cada chakra se corresponde con uno de los órganos principales, y estos son los siguientes.

●Chakra Corona: Está relacionado con la espiritualidad y los colores de este chakra son blanco y púrpura.

●Chakra del Tercer Ojo: Se relaciona con la percepción y la habilidad física. Violeta es el color que representa a este chakra.

●Chakra de la Garganta: Gobierna tu habilidad de comunicarte y azul es el color que representa a este chakra.

●Chakra del Corazón: Se relaciona con el

amor hacia otros y uno mismo. Verde es el color que representa a este chakra.

• Chakra del Plexo Solar: Gobierna los aspectos de la confianza en uno mismo y el autovalor. Amarillo es el color que representa a este chakra.

•Chakra Sacro: Es el responsable por la creatividad y la fertilidad (en las mujeres). Naranja es el color que representa a este chakra.

•Chakra Raíz: Es el responsable de formar la conexión con el ámbito físico y la sexualidad. También representa la fertilidad en los hombres. Rojo es el color que representa a este chakra.

Meditación Chakra para diferentes chakras

Chakra Raíz:

Primero tendrás que trabajar en abrir tu chakra raíz antes de que puedas proceder hacia la meditación sobre este chakra. Puedes abrir este chakra siendo físicamente activo; puedes salir a correr, nadar o practicar cualquier forma de actividad física que te guste. Dar, al igual que recibir, un masaje puede ayudar a desbloquear este chakra. Este chakra está asociado con el rojo, así que sostener o usar algo que sea rojo también será útil. Las gemas rojas también pueden ayudar al asistir en la apertura de este chakra como ya has leído en los capítulos previos. Este chakra se trata sobre todo de reconectarte con tu cuerpo, por lo que el aspecto físico es crítico aquí.

Concéntrate en tu chakra raíz y enfoca toda tu energía hacia este chakra. Visualiza este chakra como una bola de luz roja que gira en sentido horario, y cuando estés enfocado en este chakra, necesitarás visualizar que estás inhalando en rojo y exhalando rojo. Sigue repitiendo este proceso por unos dos o tres minutos. Mientras imaginas esta bola roja girando piensa también en esta energía fluyendo por tus piernas y hacia la tierra; de esta manera estarás conectado a tierra.

Chakra Sacro:

Puedes abrir este chakra vistiendo o comiendo cualquier cosa que sea de color naranja. Exponerte al color con el que este chakra está asociado también es una buena idea y hacer esto te recordará a este chakra y te ayudará a visualizar la energía naranja que usarás durante la meditación. Para abrir este chakra, puedes ver películas que son emotivas o emocionantes. También usar cualquier piedra o cristal que sea en color naranja ayudará a abrir este chakra.

Concéntrate en tu chakra sacro y enfoca toda tu energía hacia este chakra. Visualiza este chakra como una bola de luz naranja que gira en sentido horario, y cuando estés enfocado en este chakra, necesitarás visualizar que estás inhalando en naranja y exhalando naranja. Sigue repitiendo este proceso por unos dos o tres minutos. Serás capás de sentir la energía viajando de tu chakra raíz hacia tu chakra sacro y luego al resto de tu cuerpo. Cuando sientas una sensación de hormigueo en todo momento será cuando tendrás que pasar al siguiente chakra.

Chakra del Plexo Solar:

Para abrir este chakra puedes usar algo amarillo o comer frutas o vegetales que son amarillos también ayudará a abrir este chakra. Tomar riesgos calculados ayudará en la apertura de este chakra e involucrarte en actividades que te esfuerzan físicamente también es una buena forma de abrir este chakra. Como mencionamos antes, las gemas y cristales asimismo pueden usarse para abrir este chakra.

Para meditar en este chakra, necesitarás recuperar la energía que obtuviste de tu chakra raíz y tu chakra sacro mientras la enfocas en la región del abdomen inferior, el lugar donde está presente el chakra del plexo solar. Concéntrate en tu chakra del plexo solar y enfoca toda tu energía hacia este chakra. Visualiza este chakra como una bola de luz amarilla que gira en sentido horario, y cuando estés enfocado en este chakra, necesitarás visualizar que estás inhalando en amarillo y exhalando el amarillo. Sigue repitiendo este proceso por unos dos o tres minutos.

Chakra del Corazón:
Simplemente acercarte a otros puede ayudar, como un simple abrazo. Funciona

porque este chakra es sobre la compasión y las emociones hacia otros y tú mismo. Usar ropas que son de color verde, llevar gemas y cristales que son de color verde y también consumir comida que es de color verde ayudará a abrir este chakra.

Para meditar en el chakra del corazón, necesitarás recurrir a la energía que ha sido generada por los chakras previos y sentir esta energía recorriendo tu cuerpo desde tu chakra raíz, sacro y del plexo solar antes de que alcance tu chakra del corazón. Concéntrate en tu chakra del corazón y enfoca toda tu energía hacia este chakra. Visualiza este chakra como una bola de luz verde que gira en sentido horario, y cuando estés enfocado en este chakra, necesitarás visualizar que estás inhalando en verde y exhalando verde. Sigue repitiendo este proceso por unos dos o tres minutos. Cuando haces esto, deberías llenar tu mente con pensamientos de compasión hacia ti mismo y otros. Cuando sientas una explosión de energía en tu corazón o cuando pienses que tu chakra del corazón está abierto, será cuando puedas pasar al próximo chakra.

Chakra de la Garganta:

Para abrir este chakra, ¡solo debes cantar fuerte! Tan simple como eso, canta a viva voz, sin que importe si eres buen cantante o no. Si luchas con la comunicación, entonces trabaja en esto. Una conexión es la clave de este chakra. Además, para abrir y desbloquear este chakra, siempre puedes usar gemas y cristales coloreados de azul.

Concéntrate en tu chakra de la garganta y enfoca toda tu energía hacia este chakra. Visualiza este chakra como una bola de luz azul brillante que gira en sentido horario, y cuando estés enfocado en este chakra, necesitarás visualizar que estás inhalando en azul y exhalando azul. Continúa repitiendo este proceso por unos dos o tres minutos. Siente la energía emitida desde el chakra de la garganta que debe fluir hacia tus brazos, manos y tus pies. Necesitarás despedir toda la negatividad y los bloqueos que puedas sentir en tu chakra e inspirar positividad. Retiene todos los pensamientos amables y deshazte de todos los pensamientos negativos. Obtienes los que pides, y esta es la manifestación literal asociada con este chakra. Así pues, piensa solo en cosas positivas mientras meditas en este chakra. Una vez que sientas que este chakra está abierto, puedes pasar hacia el siguiente chakra.

Chakra del Tercer Ojo:

Puedes abrir este chakra entregándote al arte visual como la pintura o el dibujo. Vestir o usar cualquier cosa que está relacionada con este color también ayudará a abrir este chakra. Las gemas coloreadas de índigo pueden ser asimismo útiles.

Concéntrate en tu chakra del tercer ojo y enfoca toda tu energía hacia este chakra. Visualiza este chakra como una bola de luz índigo brillante que gira en sentido horario, y cuando estés enfocado en este chakra, necesitarás visualizar que estás inhalando en índigo y exhalando índigo. Continúa repitiendo este proceso por unos dos o tres minutos. Una vez que sientas una sensación de hormigueo o calor en el medio de tu frente, puedes pasar hacia el siguiente chakra.

Chakra Corona:

Para abrir el chakra corona, necesitarás establecer una conexión física, emocional y espiritual entre tu cuerpo, mente y alma. Aléjate de todas las distracciones y concéntrate en esto. Utiliza el yoga o la meditación para establecer esta relación. Usa gemas que te ayudarán a abrir este chakra.

Concéntrate en tu chakra corona y enfoca toda tu energía hacia este chakra. Visualiza este chakra como una bola de luz violeta que gira en sentido horario, y cuando estés enfocado en este chakra, necesitarás visualizar que estás inhalando en violeta y exhalando violeta. Continúa repitiendo este proceso por unos dos o tres minutos. Mientras concibes esta bola giratoria de violeta también imagina un loto que florece, hazlo tan magnífico y significativo como puedas.

Finalmente, serás capaz de ver la luz blanca que se derrama del cosmos a través de tu chakra corona y luego filtrándose a tus otros chakras y al final hacia la tierra. Necesitarás visualizarte como un ser blanco, brillando desde el interior. Conserva este pensamiento por 2 o 3 minutos. Por ahora, ¡deberías sentirte eufórico!

Capítulo Tres:

Elegir Energías y En Tu Lugar Tranquilo

Todos tenemos energía dentro nuestro, y hay energía todo alrededor nuestro. En esta sección, aprenderás sobre la meditación energética. Necesitas un poquito de imaginación para esta técnica. El primer paso es seleccionar un espacio cómodo que esté libre de cualquier interrupción. Cierra tus ojos y calma tu mente. Puedes aliviar tu mente respirando profundamente. Inhala profundamente y exhala profundamente.

Sigue las tres simples reglas de la meditación. La primera regla es ser agradecido por todo lo que tienes. La segunda regla es entender y aceptar que eres un ser humano normal. La tercera regla es ser amable hacia todos a tu alrededor. Tómate un par de minutos y expresa tu gratitud.

Ahora imagina que todo a tu alrededor es energía, y todo se transforma en energía. Haz tu imaginación tan vívida como sea posible. Imagina que todo en el universo, incluyéndote, se convierte en un campo de energía. Visualiza que hay un mar de energía todo a tu alrededor. Solo una masiva bola de energía y nada más.

Ahora, visualiza que tu cuerpo se desintegra en pequeñas partículas de energía. No hay ningún órgano o partes, y solo es pura energía que irradia por todo tu cuerpo. Bueno, este concepto no está muy lejos de la realidad. Cuando observas el mundo a través de un microscopio, te darás cuenta que todo lo que importa es nada más que una forma de energía.

Una vez que entiendes esto, puedes sumergirte en la piscina de energía que visualizaste. El océano de poder es nada más que consciencia en su forma inmaculada. Integra la energía de tu ser en el cosmos. Piensa en ti mismo como una bola de energía que se fusionará con una bola de energía más significativa.

Déjate sumergir por completo en este estado durante unos 20 minutos y luego visualiza que todo vuelve a su forma original. Siéntate en silencio por un momento y deja que tu mente permanezca en blanco. Después de un rato, abre tus ojos y termina la meditación. Este proceso simple te refrescará y te hará sentirte más enérgico. Puedes usar el mismo método para limpiar tu aura. El aura es el campo de energía que tu cuerpo irradia.

Capítulo Cuatro:

Sanación y Equilibrio

Tu cuerpo puede sanar y repararse por si mismo, siempre y cuando sepas que hacer. Tu cuerpo puede restaurar proteínas dañadas, destruir células cancerosas, defenderse de infecciones y mantener la homeostasis. Cuando caigas enfermo, los mecanismos de autocuración empiezan por si mismos. Sin embargo, el estrés y otros factores externos afectan esta habilidad de tu cuerpo. ¿Sabías que la meditación puede ayudarte a volver a encender esta máquina? Sigue los pasos simples mencionados en este capítulo para sanar y equilibrar tu cuerpo.

Ambiente tranquilo

Si todavía no has probado la meditación, entonces tu primer paso es crear un ambiente tranquilo. Selecciona una habitación que sea tranquila y libre de todas las distracciones. No debería haber luces ásperas ni música fuerte, y la temperatura debería asimismo ser confortable. Apaga todos los aparatos electrónicos como la televisión. La habitación lo mismo debe estar libre de desorden. Mientras meditas, apaga tu celular o ponlo en silencio.

Posición de Meditación

Puedes sentarte en el suelo y cerrar tus ojos. Siéntate con las piernas cruzadas en el suelo pues te ayuda a conectarte con la tierra y te hace sentir conectado a tierra. Puedes apoyar algunas almohadas a tu alrededor para ponerte cómodo. Mientras tu espalda esté derecha, y no te sientas demasiado rígido, ayudará. Alternativamente, incluso puedes sentarte en una silla y plantar tus pies con firmeza en el suelo.

Un temporizador ayuda

No puedes meditar por una hora inicialmente. Empieza con cinco a diez minutos por día, y puedes lentamente aumentar el tiempo límite. Poner un temporizador evitará que chequees la hora de forma repetida. Es una forma de minimizar las distracciones y mejorar tu concentración.

Cerrar tus ojos

Para reducir las distracciones visuales, cierra tus ojos. Te ayudará a juntar tus pensamientos y mantenerte calmado. Si puedes ver movimiento a tu alrededor, estarás atado a sentirte distraído.

Enfocarte en tu respiración

La mejor forma de juntar tus pensamientos es concentrándote en tu respiración. Inhala con lentitud y exhala lentamente. Abstente de pensar en nada más que en tu respiración. No planifiques, no fantasees, ni recolectes nada más. No dejes que tu mente deambule. Si acaso sientes que tus pensamientos deambulan, empieza a enfocarte en tu respiración una vez más. Cuando calmas tu mente, tu cuerpo puede comenzar a sanarse a si mismo. Si estás bajo constante estrés, tu cuerpo no puede concentrarse en nada más que en la presión que sientes. Puedes contar las respiraciones que haces o inclusive enfocarte en una sola palabra como "paz".

No juzgar

No te entregues a ninguna forma de autocrítica. Olvídate de todos los asuntos del día y concéntrate en el momento presente. Deja que tu cuerpo y mente se relajen. Se compasivo hacia ti mismo y se agradecido por todas las cosas correctas en tu vida.

Capítulo Cinco:

El Poder de la Meditación y la Lluvia de Ideas

Puedes mejorar la forma en que experimentas tu día vía la meditación. Si meditas diariamente, encontrarás un cambio positivo en tus habilidades mentales. Cuando te sientes en paz y relajado, puedes pensar mejor y tomar mejores decisiones. Tus funciones mentales mejorarán, es decir tus capacidades cognitivas serán más fuertes. No tienes que meditar por muchos años para alcanzar los beneficios de la meditación. Incluso meditar diariamente por ocho semanas tendrá un impacto positivo en tu vida. Un cerebro humano es una máquina compleja. Sin embargo, no significa que esté libre de cualquier forma de influencia. La mente es como cualquier otro músculo en el cuerpo, y puede ser entrenada. Si te ejercitas con regularidad, puedes construir músculos o tonificar tu cuerpo. De la misma manera, la meditación regular puede ayudarte a mejorar la salud de tu cerebro.

La meditación mejora tu conciencia. La conciencia viene de la concentración. Cuando estás consciente, puedes notar cosas que usualmente no notas. Por ejemplo, si eres un pez, no estarás consciente del agua, ¿verdad? Si quieres entender el agua, entonces el pez necesita salir de su elemento "usual". Ese es exactamente el núcleo objetivo de la meditación. Se trata de salir de tu elemento usual para volverte consciente de tu realidad.

Cuando meditas, puedes controlar tus pensamientos en vez de que tus pensamientos te controlen a ti. Cuando puedes enfocarte en una cosa en lugar de en todas las millones de cosas que suceden a tu alrededor, puedes pensar con claridad. ¿Puedes tomar una buena decisión cuando te sientes bastante emotivo o inquieto? Por ejemplo, si peleas con tu esposa, ¿puedes concentrarte en el trabajo que estás haciendo? Tal vez no. Tu mente tratará de discernir la razón de la pelea a un nivel subconsciente. El truco para mejorar la toma de decisiones es estar en el momento presente. Si piensas en el pasado o te preocupas por el futuro, posiblemente no podrás tomar una decisión correcta sobre tu presente.

Capítulo Seis:

Meditación del Dolor Crónico y Restauración

La mayoría de nosotros tiende a sufrir de un tipo u otros tipos de problemas corporales ¿Qué haces cuando sea que experimentas jaqueca, dolor de espalda o de cuello? ¿Te tomas una píldora? La mayoría de nosotros hacemos eso, ¿no? El dolor crónico parece ser bastante común en estos días y, créelo o no, la mayoría de nuestro sufrimiento está relacionado con el estrés que experimentamos. La medicación es un arreglo temporal y no es una solución a largo plazo.

Las razones más comunes de dolor crónico tienden a ser aflicción y altos niveles de estrés. Cuando liberas la presión, automáticamente también puedes reducir el dolor que experimentas. Si puedes modular el estrés que sientes, asimismo puedes modular el dolor que sientes. No puedes estar en paz si te atormentas sobre la forma en que piensas. La atención plena ayuda a deconstruir el dolor. Puedes meditar tu forma de reducir el dolor. Todo lo que necesitas hacer es seguir los pasos simples explicados en este capítulo.

Notar el dolor

Haz una nota mental de dónde experimentas el dolor. La forma en que sientes y el modo en que tu cuerpo reacciona a eso. ¿Sientes el dolor en tu cuello, retorcijones de estómago, o es una jaqueca punzante? La próxima vez que experimentes dolor, concéntrate en la región que duele.

Estar presente

Olvídate de todo lo demás y está presente en el momento. Mueve tu enfoque a tu respiración. Realiza respiraciones profundas y concéntrate en inhalar con lentitud y profundamente y exhalar. Enfócate únicamente en tu cuerpo y en nada más. Olvídate de todas tus tensiones y estrés por un minuto.

Ganar interés

Si estás experimentando el dolor por primera vez, entonces investiga el dolor. Concéntrate en lo que duele. Cuanto más consciente estás de tus sensaciones reales, menos te enfocarás en los "y si" que llevan al sufrimiento que experimentas.

Repetirlo regularmente

Puedes elegir realizar respiraciones profundas o enfocarte en tus pensamientos. Sin tener en cuenta la práctica de meditación que quieras, hazte el punto de repetirla regularmente. Necesitas condicionar tu mente de tal manera que tu cerebro forme una conexión instantánea en el modo que responde al dolor. Incluso puedes practicar meditación chakra para ganar control sobre tu cuerpo.

Capítulo Siete:

Voluntad de Practicar y Aplicar las Enseñanzas

Es una buena noticia que la gente tenga cariño a la meditación. Sin embargo, no muchos pueden incluir la meditación en sus vidas diarias. Si quieres ganar control completo sobre tu mente, entonces la meditación es la clave. No obstante, son necesarios esfuerzos constantes y consistentes para lograrlo. En este capítulo, aprenderás sobre las diferentes formas en las que puedes incluir la meditación en tu vida diaria.

Las tres principales razones para no meditar son la falta de motivación, la procrastinación, y dar por supuesto sus beneficios. Sin considerar la razón, los resultados se mantienen igual: un círculo vicioso en el que puedes querer meditar, pero no lo haces. Aquí hay un par de consejos que puedes utilizar.

Motivación diaria

La falta de motivación es una de las

principales razones por las que no terminamos haciendo las cosas que queremos. Una técnica simple puede ayudarte a encontrar la necesaria motivación para meditar. Apenas te despiertes en la mañana, piensa en las cosas que quieres lograr en la vida y el tipo de persona que quieres ser. Entiende que la meditación te dará la motivación necesaria para conseguir lo que quieres. Bueno, eso debería hacerte querer meditar.

Lista de beneficios

La gente tiende a dar por sentada la meditación porque pueden olvidar los beneficios que ofrece. Cuando sea que medites, obtendrás todos los beneficios que la meditación ofrece. ¡Se tarda unos 10 a 15 minutos en meditar! Has una lista de los varios beneficios que la meditación ofrece y cuando sea que te sientas bajo en motivación, mira los beneficios que ofrece.

No poner ninguna excusa

Inventarte una razón es quizás lo más natural que puedes hacer. Sin embargo, si quieres hacer algo, entonces encontrarás la forma de hacerlo. Si genuinamente quieres practicar meditación a diario, entonces pensarán en una forma de hacerlo. Solo cuando te falta la motivación para hacer algo, empiezas a poner excusas. No estar despierto temprano por la mañana puede ser tu excusa para no meditar. Si quieres meditar, piensa en una forma en la que puedas hacerlo.

Es un estilo de vida

No pienses en la meditación como un ejercicio que debes hacer o una forma de tarea hogareña. No pienses en ella como una faena o una obligación. Al minuto que la percibes como una obligación, sentirás formas en que puedes evitarla. En vez de eso, empieza a pensar en ella como un estilo de vida. Una forma más saludable de vivir.

Meditar diariamente

Puedes crear un hábito solo si practicas algo con regularidad y consistencia. No puedes formar un patrón si meditas una o dos veces por semana. Empieza a meditar diariamente, por lo menos durante el primer par de semanas. Una vez que te acostumbres a meditar diariamente, no se sentirá como una faena y querrás meditar por tu cuenta.

Incluirlo en tu agenda

Si quieres hacer de la meditación un hábito diario, entonces deberías incluirla en tu calendario. Marca un tiempo particular para eso, y pégate al horario. No dejes que nada te impida de meditar. Después de todo, no toma más que un par de minutos.

Disminuir tus expectativas

No establezcas ninguna expectativa alta en el inicio. Necesitas meditar consistentemente para ver algunos resultados positivos. Si meditas por un día y esperas tener alguna epifanía, entonces te estás armando a ti mismo una desilusión. Hay muchos beneficios positivos que la meditación ofrece, y puedes conseguirlos por un período, no inmediatamente.

Piensa en la meditación como un viaje en

lugar de un destino final. No tengas ninguna expectativa y solo disfruta la experiencia.

Conclusión

Quisiera agradecerte una vez más por comprar este libro.

Bueno, a esta altura te habrás dado cuenta de cuan simple es la meditación. Sigue los consejos simples explicados en este libro y en poquísimo tiempo puedes ver los resultados positivos. La meditación puede ayudar a mejorar tu habilidad de concentrarte, sanarte y hasta ganar un mejor entendimiento de ti mismo. Mientras practicas la meditación, asegúrate de que eres consistente y paciente. No abandones la meditación y apégate a tu horario. Puedes cambiar tu vida para mejor con esta simple práctica. Inculca la meditación en tu rutina diaria y encontrarás un cambio positivo en ti mismo.

¡Gracias y buena suerte!

www.ingramcontent.com/pod-product-compliance
Lightning Source LLC
Chambersburg PA
CBHW071908070526
44583CB00016B/1899